AF229244

PIÈCES

RELATIVES

A LA CONSPIRATION

TROUVÉES

CHEZ BABŒUF,

Reconnues et paraphées par lui.

SAVOIR:

*Création d'un Directoire insurrecteur,
suivi de l'organisation des Agens principaux
et des Agens intermédiaires.*

*Instruction principale sur ce qu'il faut
faire.*

16ᵉ. et 18ᵉ. *Pièces de la* 2ᵉ. *Liasse.*
15ᵉ. et 47ᵉ. *Pièces de la* 7ᵉ. *Liasse.*

Nota. Ce titre doit envelopper les six pièces imprimées
par ordre du Directoire, et distribuées au deux Conseils
le 30 Floréal.

INSTRUCTION
PRINCIPALE
SUR CE QU'IL FAUT FAIRE.

(13 Floréal.)

LE manifeste d'insurrection vous expose, en masse, les opérations essentielles ; mais nous avons cru devoir vous donner quelques renseignemens de détail que vous combinerez avec votre plan militaire et avec tout l'ensemble de l'exécution.

Comme il est dit dans le manifeste, au même moment qu'il sera répandu le rassemblement de chaque arrondissement se fera au chef-lieu, en désordre, et au son du tocsin et des trompettes, sous la conduite des patriotes auxquels le comité d'insurrection aura remis les Guidons portant les inscriptions suivantes :

PREMIER GUIDON.

Constitution de 1793.
Egalité.
Liberté.
Bonheur commun.

A

DEUXIÈME GUIDON.

Quand le Gouvernement viole les droits du peuple, l'insurrection est pour le peuple, et pour une portion du peuple, le plus sacré et le plus indispensable des devoirs.

TROISIÈME GUIDON.

Ceux qui usurpent la souveraineté doivent être mis à mort par les hommes libres.

Ainsi, les Généraux du Peuple pourront prendre tout leur monde sur les 12 points des Arrondissemens.

Les Généraux du Peuple seront distingués par des rubans tricolors, flottant très - visiblement autour de leurs chapeaux.

Faire garder les barrières et le cours de la rivière ; ne laisser sortir de Paris qui que ce soit, sans un ordre formel et spécial du Comité insurrecteur ; laisser entrer les couriers, les porteurs et conducteurs de comestibles : il leur sera donné protection et sûreté.

S'emparer des deux Conseils et du Directoire ; les juger sur-le-champ.

S'emparer de la Trésorerie nationale, de la Monnaie, de la Poste aux Lettres, des maisons des Ministres, et de tout magasin public et privé contenant des vivres ou des munitions de guerre.

S'emparer des Ministres, du Général de l'Intérieur, du Commandant temporaire, et de leurs états-majors.

Tuer sur-le-champ tout Député, Directeur, Administrateur, Juge, Officier ou Fonctionnaire public qui paraîtrait pour donner des ordres ou pour l'exercice d'une fonction.

Arrêter tout Député ou Directeur trouvé dans les rues, le faire conduire à son poste pour y être jugé.

Exterminer tous les opposans.

Idem. Ceux qui feroient battre la générale.

Cette forme d'appel est celle du Gouvernement. Comme il a été dit plus haut, le Peuple insurgé ne s'en servira pas; il ne se servira que des tocsins et des trompettes.

Exterminer, *idem*, tous Présidens, Secrétaires, Commandans de la force armée de la conspiration de vendémiaire, qui seraient aussi rencontrés dans les rues.

Toutes autres exterminations seront détermi-
nées par de nouveaux ordres.

Certifié conforme.

Le Ministre de la police générale.

Signé, COCHON.

DE L'IMPRIMERIE DU DIRECTOIRE EXÉCUTIF.

15e. PIÈCE.

SEPTIÈME LIASSE.

LE funeste effet que produirait sur le peuple, les soldats et les patriotes, le fusillement ; les dispositions des faubourgs et du peuple ; les renseignemens sur les deux autres bataillons , sur les cavaliers et sur les autres soldats en général.

L'appât présenté aux passionnés pour le clocher de leur paroisse , d'un retour prochain et même subit dans leurs foyers.

L'espoir de faire du butin , pour les soldats de métier.

La haine générale, universelle.

Le désaccord des scélérats

(2)

L'appui d'une foule de braves réfugiés,
qui ne prennent un parti que dans l'espoir
d'un changement prochain.

Le mécontentement des officiers destitués.

Pour copie conforme :

Le ministre de la police générale,

Signé, COCHON.

DE L'IMPRIMERIE DU DIRECTOIRE EXÉCUTIF.

16ᵉ. PIÈCE.

DEUXIÈME LIASSE.

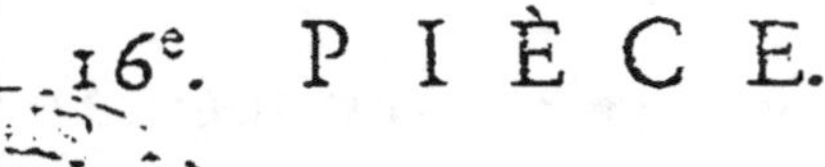

Le 9 Floréal, à midi et demi.

Le D. de S. P. à Ch. G.

Nous sommes réunis au nombre de trois ; nous recevons ta lettre : nous t'envoyons un manifeste au nom de la légion, qui sera imprimé ce soir. Communique toujours cette minute aux légionnaires meneurs. Nous allons faire de suite une déclaration au nom du peuple, qui sera une réponse au manifeste. Il importe de faire connaître à la légion que le peuple est prêt à la défendre. Voilà six mille francs. Nous pensons que la légion ne doit pas sortir de Paris. Tâche de l'arrêter jusqu'à demain. Nous allons, dans le reste de

A

(2)

la journée et dans la nuit , nous mettre en mesure. Voir P. (*le reste du mot est rayé*) et R. (*le reste du mot est rayé*) : dis-nous , avant ce soir , s'ils sont prêts. Dans le cas contraire nous prendrions d'autres disposi-tions.

P.S. Il est important que la voiture chargée de fusils ne parte pas. Tu peux mon-trer cette lettre aux meneurs dont tu es sûr.

Pour copie conforme :

Le ministre de la police générale,

Signé, COCHON.

DE L'IMPRIMERIE DU DIRECTOIRE EXÉCUTIF.

18e. PIÈCE

DIXIÈME FEUILLET.

DEUXIÈME LIASSE

A midi précis, le 9 Floréal.

LA caserne de la Courtille est toujours émeutée ; une garde considérable en défend l'entrée. Une grande voiture toute attelée, chargée de fusils, est retenue malgré les instances des conducteurs qui veulent gagner, d'après l'ordre de route, le prochain logement. Les militaires sont répandus dans les cafés et cabarets voisins de leurs casernes et fraternisent avec ceux que l'on envoyait en remplacement. Des hommes [illegible] bâillent dans les environs ; quelques braves se mêlent à la troupe et offrent des [illegible] quelques uns des légionnaires [illegible] décidés à déployer ce soir [illegible] et gagner en bon ordre. [illegible] confondre avec les bataillons [illegible] résolution est-elle bonne ou mauvaise [illegible] que disent quelques bavards. Quant à moi je pense que si elle peut s'effectuer sans résistance, ce ne seroit pas pour nous un léger succès. Je vous préviens que je suis seul, tous vos agens étant dans leurs arrondissemens respec-respectifs à étudier le peuple et calmer les hommes que cet inespéré mouvement inquiète.

Que faut-il que je fasse?

Je sais que Fion ne néglige rien; je l'ai vu ce matin: il travaille de son côté. Peut-être en le tenant bien fort en haleine ne persistera-t-il pas à cette diable de proposition à laquelle il m'a paru tenir encore, d'admettre parmi vous les trois ex-conventionnels.

Je n'ai à-peu-près pas le sou.

Salut. CH. G.

A une heure, tout est dans le même état; on voit galopper force ordonnances sur le boulevard, et des chapeaux galonnés qui couvrent des figures bien pâles, bien avalées. Il n'y a pas de groupes de ce côté. Des coquins, lâchés sans doute par des perfides, glissaient par-ci, par-là, qu'on auroit bien fort de soutenir les hommes qui avaient si scélératement foudroyé les royalistes au 13 Vendémiaire.

Mais ils ne sont pas fortune. Vite mes amis,

il n'y a pour moi qu'un saut joyeux de Carma-
gnole, si c'est pour servir ses égaux.

Salut. CH. G.

Au verso de la deuxième feuille est écrit à l'encre:
A Gracchus Babeuf, *pressé; et au crayon :* Faites-
moi parvenir une réponse de suite ou le plutôt
chez Gui. (Le reste effacé.)

Certifié conforme.

Le Ministre de la police générale,

Signé, COCHON.

DE L'IMPRIMERIE DU DIRECTOIRE EXÉCUTIF.

47ᵉ. PIÈCE.

SEPTIÈME LIASSE.

Le comité insurrecteur de Salut public,

CONSIDÉRANT que par le fait seul de l'insurrection de ce jour, toutes les autorités civiles
et militaires réservées par la tyrannie, sont
cassées ;

Considérant qu'il est instant de mettre en activité des défenseurs courageux des droits du peuple pour veiller à ses intérêts et comprimer ses
ennemis,

Arrête ce qui suit :

ARTICLE PREMIER.

Les comités révolutionnaires de Paris sont ré-
tablis tels qu'ils étaient le 8 thermidor an 2ᵉ.
Les citoyens qui les composaient sont tenus de
s'assembler sur-le-champ dans le lieu de leurs
séances, et ils rendront compte, dans une heure,
de leur installation au comité insurrecteur.

A

I I.

Le citoyen   Post, nommé agent-général de la police de Paris, au lieu et place du bureau central de la police de ladite commune.

I I I.

Les comités révolutionnaires correspondront avec ledit agent-général, qui rendra compte au comité insurrecteur dont il prendra les ordres.

I V.

Ce comité insurrecteur nomme le citoyen   général en chef de l'armée de l'intérieur et de la force armée de Paris, et lui ordonne de se mettre à l'instant à la tête des troupes et du peuple pour exécuter les ordres du comité.

Pour copie conforme :

Le ministre de la police générale,

Signé, C O C H O N.

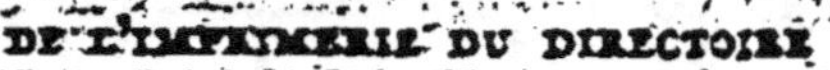

DE L'IMPRIMERIE DU DIRECTOIRE EXÉCUTIF.

61ᵉ PIÈCE.

SEPTIÈME LIASSE.

BONHEUR COMMUN.

Création d'un Directoire insurrecteur.

DES démocrates français, douloureusement affectés, profondément indignés, justement révoltés de l'état inoui de misère et d'oppression dont leur malheureux pays offre le spectacle;

Pénétrés du souvenir que lorsqu'une constitution démocratique fut donnée au peuple et acceptée par lui, le dépôt en fut remis *sous la garde de toutes les vertus;*

Considérant, en conséquence, que c'est aux vertus les plus pures, les plus courageuses, qu'appartient l'initiative de l'entreprise de venger le peuple, lorsque, comme aujourd'hui, ses droits

A

sont usurpés, sa liberté ravie, & jusqu'à son existence compromise;

Reconnaissant que c'est un reproche injuste que celui qui accuse le peuple de lâcheté, et que le peuple n'a jusqu'ici ajourné sa justice qu'à défaut d'avoir de bons conducteurs prêts à paraître à sa tête;

Reconnaissant que le comble de la mesure des crimes d'une autorité usurpatrice a mûri les dispositions de toutes les ames en faveur d'une explosion révolutionnaire, au point que, pour la rendre fructueuse, pour mettre les régulateurs en mesure d'en assurer le succès, il sera peut-être nécessaire de tempérer plutôt que d'accélérer l'élan des hommes libres,

Ont résolu ce qui suit :

ARTICLE PREMIER.

Ils se forment dès ce moment en Directoire insurrecteur, sous le nom de Directoire secret de salut public. Ils prennent en cette qualité l'initiative de la conduite de tous les mouvemens qui doivent mener le peuple à ressaisir sa souveraineté.

II. Ce directoire est de quatre membres.

III. Ce directoire sera secret; les noms de ses membres ne seront même point connus des premiers agens. Il y aura entre ceux-ci et les membres du directoire des agens intermédiaires pour servir les communications des uns aux autres.

IV. Le directoire secret de salut public s'engage de remplir l'immense étendue de devoirs que ce grand titre lui impose.

V. Il sera apposé une marque distinctive aux instructions par écrit qui seront indispensables à donner aux principaux agens, et cette marque servira à les prémunir contre toute surprise sur de fausses instructions; elle leur garantira, malgré le défaut de signatures, l'authenticité des actes qu'ils recevront du directoire secret.

Organisation des agens principaux au nombre de douze, et des agens intermédiaires. Premières fonctions de chacun d'eux.

Le directoire secret de salut public a résolu ce qui suit :

ARTICLE PREMIER.

Il y aura douze agens révolutionnaires principaux, dont un pour chaque arrondissement de la commune de Paris.

(4)

II. Chaçun d'eux est chargé d'organiser, dans son arrondissement, une ou plusieurs réunions de patriotes, d'y alimenter et d'y diriger l'esprit public par des lectures de journaux populaires, et par des discussions sur les droits du peuple et sur sa situation présente.

III. Ces agens tiendront noté du thermomètre journalier de l'esprit public. Ils rendront compte, dans ces notes, des dispositions plus ou moins favorables des patriotes; ils signaleront les individus qu'ils remarqueront les plus capables de seconder la marche du mouvement qu'il convient d'amener; ils indiqueront le genre d'emploi ou la tâche révolutionnaire auxquels ils croiront que chacun des individus est propre : ils désigneront pareillement les intrigans, les faux frères qui tenteront de se glisser dans les rassemblemens, et ils rendront compte encore des entraves et des oppositions mises par ceux-ci au développement de l'énergie, à l'inspiration des bons principes et des idées régénératrices.

IV. Il y aura des agens intermédiaires pour entretenir les communications entre les principaux agens et le directoire secret.

V. C'est à ces agens seuls que les douze agens

principaux remettront les notes de leurs obser-
vations journalières.

VI. Les agens intermédiaires iront chercher suc-
cessivement ces notes, tous les jours ou tous
les deux jours, au domicile même de chacun des
agens principaux.

VII. La présente organisation avec celle du directoire secret, et l'instruction suivante, seront
remises à chacun des agens principaux.

---

*Première instruction du directoire secret, adressée à
chacun des agens révolutionnaires principaux.*

CITOYENS,

Il n'en est pas des temps de crise comme
des temps ordinaires. Quand le peuple rentre de
ses droits, quand les principes de la liberté
triomphent, nul n'a de droit sur les autres sans
leur concours; aucun ne peut faire d'entreprise
relative à l'intérêt général sans consulter le peuple
entier et sans avoir obtenu son assentiment. La
raison est qu'alors c'est le meilleur ordre qui
règne, et le meilleur ordre ne se perpétue que
par le maintien rigide des principes. Celui qui,
les choses en cet état, revêtirait de son chef un
titre quelconque pour s'ériger, sans aucune con-

cession, en magistrat public, sous le prétexte de vouloir améliorer la situation de ses concitoyens, serait un usurpateur même en supposant que ses intentions, en dernière analyse, fussent très-droites. Le motif encore très-sensible de ceci, c'est que quand le peuple est libre et qu'il peut être consulté, on ne peut pas présumer que d'autres puissent mieux juger que lui-même ce qui lui est bon et avantageux.

Il n'en est pas ainsi lorsque le peuple est enchaîné, lorsque la tyrannie l'a mis dans l'impuissance d'émettre son vœu sur tout ce qui l'intéresse; lorsqu'à bien plus forte raison il lui est devenu impraticable d'ordonner des mesures de répression contre ses tyrans; lorsqu'il lui est impossible de leur arracher le pouvoir usurpé dont ils se servent pour le faire souffrir et languir, pour l'asservir toujours de plus en plus, et jusqu'à des bornes dont l'accroissement ne peut plus être calculé.

Alors, il y a justice, il y a nécessité que les plus intelligents, les plus capables de se dévouer, ceux qui se trouvent pourvus au premier degré d'énergie, de chaleur et de force, de ces vertus fameuses sous la garde desquelles a été remis le dépôt d'une constitution populaire que tous

les Français vraiment libres n'ont jamais oubliée ;
il y a alors justice et nécessité que ceux-là, con-
vaincus d'ailleurs que l'inspiration de leur propre
cœur, ou celle de la liberté elle-même qui leur
fait entendre plus fortement, plus particulièrement sa voix, les autorise suffisamment à leur
entreprendre ; il y a justice et nécessité que d'eux-
mêmes ils s'investissent de la dictature de l'insurrection, qu'ils en prennent l'initiative, qu'ils re-
vêtent le glorieux titre de conjurés pour la liberté, qu'ils s'érigent en magistrats sauveurs de
leurs concitoyens.

Tels sont les motifs qui nous ont semblé jus-
tifier notre résolution et lui donner un caractère
de grandeur et de magnanimité. Après avoir ainsi
reconnu que notre mission donnée par nous-
mêmes est éminemment légitime, puisque les
circonstances qui rendent cette mission indispensable pour le salut de la liberté ne permettent
pas qu'elle soit transmise par la nation souve-
raine, nous avons en outre distingué cette vérité bien encourageante : que l'accusation de lâcheté dont on charge le peuple, est un pur blas-
phême ; puisqu'à l'impatience générale qu'il manifeste pour vouloir rompre un joug, en effet bien
odieux, il n'est pas difficile de voir jusqu'à

présent il n'a rien fait pour le briser, il faut en
attribuer la seule cause à ce qu'il s'est vu
sans-guides; et nous avons remarqué que c'est
avec le plus grand regret qu'il ajourne la repres-
sion des attentats accumulés contre lui. Tout
nous a annoncé ce qu'il serait capable de faire
s'il appercevait à sa tête des conducteurs dignes
de toute sa confiance.

Animés par de telles dispositions, nous avons
été immédiatement conduits à jeter nos regards
sur des hommes capables de nous seconder dans
la plus glorieuse entreprise. C'est vous, citoyens,
qui par une suite de conduite républicaine, par
des actes multipliés d'un civisme pur pendant tout
le cours de la révolution, par des épreuves ter-
ribles dans les jours de persécution de tout ce
qui fut patriote et vertueux; c'est vous sur qui ceux
qui se sont constitués les premiers vengeurs de la
patrie trahie, ont porté leurs vues pour transmettre
leur première confiance, et vous déléguer les premières et principales divisions des opérations.

La portion du dépôt que le directoire secret de
salut public vous communique, est précieuse,
importante. Sa garde exige beaucoup de discrétion,
de prudence, d'activité et d'amour pour le bien

de tous; elle exige toutes les vertus d'hommes tels que le directoire vous a cru être.

Le directoire secret a pesé son organisation fondamentale et celle de ses rapports avec vous dans la balance de la sagesse et de la circonspection.

Il a cru devoir créer douze agens municipaux dans les douze arrondissemens de la commune de Paris ; et il a tellement combiné leurs moyens de communication avec lui, que la correspondance sera presque directe, sans cependant que les douze agens principaux puissent connaître les membres du directoire. La raison de cette précaution est facile à saisir. On a senti que la partie la plus importante du secret de l'insurrection projetée, celle d'où dépend le succès de toute la suite des opérations ; on a senti que la partie la plus importante de ce secret n'était pas autant l'existence d'un comité insurrectionnel, que la connaissance des personnages qui le composent. En effet, que la tyrannie apprenne qu'un tel comité existe, dès que ses membres sont inconnus, il n'en peut résulter aucun mal pour eux ; il n'en résultera pas non plus pour la partie, si ce n'est d'avertir le despotisme de se tenir sur ses gardes ; et il y a long-temps qu'il s'y

A 5

tient; parce qu'il y a long-temps qu'il sait que ses crimes doivent avoir inspiré toutes les ames pures vers la disposition de conspirer contre lui. Il n'y aurait donc pas un grand danger dans la divulgation de l'existence d'un comité de révolution générale, et nous examinerons plus tard si même il ne sera pas sage, à certaine époque, d'en laisser transpirer le demi-aveu, afin d'encourager davantage la majorité malheureuse qui ne soupire qu'après l'occasion et le moment de sortir d'oppression; au lieu que l'on perdrait tout par la découverte des premiers conjurateurs : en les perdant, l'ensemble combiné des ramifications qui partent d'un centre unique serait détruit ; et un second effet certain et désastreux serait le déconcert et la terrification des plus courageux citoyens.

Ce sont là, républicains, les motifs qui ont déterminé le directoire de salut public, malgré la plus grande confiance qu'il a en vous, puisqu'il vous choisit pour ses principaux et ses premiers agens ; ce sont là les motifs qui l'ont déterminé vers le parti de vous faire ignorer à vous-mêmes quels sont ses membres. Le danger d'une imprudence ou celui d'une contre-détermination, celui encore que fait naître la connaissance de la faiblesse humaine, qui supporte trop souvent comme un fardeau le poids d'une grande confidence, et semble se soulager en la déposant dans le sein de l'amitié, ou de ce qu'on croit être elle ; tout cela, en outre, a été considéré par le directoire secret, et il n'a pas voulu abandonner peut-être le salut de la patrie au hazard de telles chances : outre que, sous le rapport de la fidélité, il est encore très-difficile d'être assuré de celle également inébranlable de douze hommes institués les dépositaires de choses de la dernière importance. Le directoire secret a cru qu'il n'en parviendrait pas moins sûrement à vous inspirer à vous-mêmes cette entière confiance que le salut de la chose exige, que de votre côté vous placez en lui. Comment l'a-t-il cru ? En se persuadant que vous verriez dans la hardiesse, dans le dévouement, dans le fond de vertu qu'il faut avoir pour embrasser une telle entreprise, à qui s'offrirait pour reposer cette confiance. —

Il a encore cru que, pour seconde garantie à votre égard, il étoit un ton de vérité et de bonne foi que la malveillance n'a jamais su très-bien simuler, et que ce ton vous l'appercevrez dans tous ses actes.

En même temps que nous nous sommes armés de toutes les précautions propres à nous rendre insaisissables et à rendre nos mesures impossibles à déconcerter, nous avons voulu que vous fussiez à l'abri de toute surprise, et qu'à des marques particulières, empreintes sur nos actes, vous soyez toujours en mesure d'en reconnaître l'authenticité, indépendamment de ce qu'ils ne comporteront pas de signatures.

Le Directoire secret a poussé la prudence jusqu'à isoler entr'eux les douze agens principaux. Ils recevront tous les mêmes instructions ; ils seront chargés tous de faire les mêmes choses, de concourir à la même fin, et cependant ils ne se connaîtront pas entr'eux. Nous avons pensé que cette connaissance réciproque n'était nullement nécessaire, *il n'en pourrait résulter aucun bien*, puisqu'évidemment il suffit que la marche de l'impulsion soit immédiatement reçue du directoire secret par chacun des agens ; et puisqu'il est encore incontestable que le succès ne peut dépendre que de l'exécution très-ponctuelle, et qu'une concertation entre les douze agens pourrait n'amener que des entraves, des retards ou des modifications, qui peut-être s'éloigneraient des vues et des combinaisons du directoire régulateur. Il *en peut résulter le plus grand mal*, si, dans un cas, dont le soupçon sans doute doit être jeté bien loin de nous, d'après le soin scrupuleux que nous avons mis dans le choix des principaux agens (mais il faut tout craindre, tout supposer au pis, et tout prévenir d'avance, lorsqu'il s'agit d'objets aussi sérieux.) ; il pourrait, disons nous, résulter le plus grand mal à la réciproque connaissance de la mutuelle communication des premiers agens du directoire secret : dans le cas très-malheureux où l'un d'eux viendrait à commettre une indiscrétion ou une perfidie, il immolerait peut-être alors tous ses co-agens ; au lieu que ne les connaissant pas, les insurgens, par l'effet de sa mal-adresse ou de son infidélité, ne peuvent perdre que lui ; il ne peut n'y entraîner personne dans sa défection , n'y désorganiser l'entreprise et compromettre le sort de la liberté.

Les mêmes précautions d'isolement sont prises à l'égard des agens intermédiaires : mêmes soins ont été apportés dans leur choix ; mais indépendamment de cette attention, tout est encore arrangé par rapport à eux, de manière à ce qu'un seul ne puisse compromettre que lui ou n'enlève que sa personne à tout le parti des conjurés : il ne connaîtra d'ailleurs, ni le rôle positif qu'il jouera, ni celui de l'agent principal qu'il approchera et dont il sera l'un des ressorts de correspondance avec le directoire secret. Il sera induit à se croire employé pour tout autre objet ; il ne remettra pas ses paquets de correspondance directement au directoire secret, et le tout arrivera à ce même directoire sans qu'aucun intermédiaire puisse être dans la confidence: ainsi les agens principaux n'auront pas à craindre d'être trahis ni par leurs co-agens, ni par les agens intermédiaires, puisque les uns et les autres ne les connaîtront pas pour ce qu'ils seront. Les agens principaux ne seront connus que des quatre membres du directoire secret; et de ceux-là, telle chose qui arrive sans doute, ils ne doivent pas s'en mêler.

En général, le directoire secret ayant adopté le grand système de tout isoler, de couper toutes les communications, il subordonnera toute son organisation à cet ordre, tellement que chaque individu employé médiatement ou immédiatement par lui, ne pourra trahir personne, et que sa perte n'enlevera que lui aux révolutionnaires. Sans doute un tel plan d'après lequel chacun n'aura uniquement à se défier que de soi, est fait pour rassurer tous ceux qui concourront à sa réussite.

Quant aux précautions que toujours l'extrême prudence nous commande de prendre nous-mêmes à votre égard, pour n'être point trompés par les rapports et les renseignemens de quelques-uns de vous, cela nous regarde. Nous n'exigeons ni n'établissons de marques particulières ni de signatures pour nous garantir l'authenticité de ces rapports; mais nous sommes sûrs de distinguer cette authenticité à des signes et à des preuves non équivoques.

Après vous avoir parlé, citoyens, de ce qui nous a paru légitimer notre entreprise, et de ce qui doit individuellement vous tranquilliser tous en y coopérant, il convient de vous tracer ce que le directoire secret estime que, dans ces premiers momens, vous avez à faire.

Les articles II et III de l'organisation que nous avons destinée et qui précédent cette instruction, vous l'indiquent.

» Organiser, dans votre arrondissement, une ou plusieurs réunions patriotiques; y alimenter, y diriger l'esprit public par des lectures, journaux populaires et par des discussions sur les droits du peuple et sur sa situation actuelle.

» Tenir des notes du thermomètre journalier

» de l'opinion ; rendre compte, dans ces notes ;
» des dispositions plus ou moins bonnes, plus
» ou moins énergiques des patriotes ; signaler les
» individus que vous remarquerez les plus capables
» de seconder la marche du mouvement à produire ;
» indiquer le genre d'emploi ou la tâche révo-
» lutionnaire auquel vous croyez que chacun
» de ces individus seroit propre ; désigner les in-
» trigans, les faux frères qui tenteront de se glis-
» ser dans les rassemblemens, et rendre compte
» encore des entraves et des oppositions mises
» par ceux-ci au développement de l'énergie, à
» l'inspiration des bons principes et des idées
» régénératrices. »

Les articles IV et V de la même organisation
déterminent les moyens par lesquels vous pour-
rez transmettre au directoire secret ces notes,
renseignemens ou rapports qu'il attend de vous.

Vous les remettrez aux agens intermédiaires
qui les auront reçu directement de vos mains,
de même qu'ils vous remettront les instructions
ultérieures que le directoire secret se trouvera obli-
gé de vous faire passer.

Telle est, citoyen, dans ce premier moment,
l'installation de votre tâche. Nous ne pour-

rons plus avoir à vous présenter que quelques idées
de détail que vous modifierez même au gré de
votre prudence.

En vous invitant à organiser dans votre arrondissement une ou plusieurs réunions patriotiques,
vous concevez qu'il est convenable que cela se
fasse sans trop d'affectation ; et il est impossible que
de telles réunions se forment par vous, et que
leur esprit devienne le vôtre, sans que vous ayez
l'air d'en être ni le fondateur ni le meneur : sa-
crifions la gloriole de paraître à l'avantage d'être
et de faire réellement. Rien ne garantit de grands
et véritables succès, rien ne peut donner une
meilleure satisfaction intérieure, comme de se rendre compte à soi-même que l'on est l'instru-
ment invisible par qui se meuvent de grands ressorts. Nous rendons alors à notre génie un hom-
mage mérité, bien supérieur à celui que s'attri-
buerait la jactance empressée de quiconque vou-
drait passer pour principal acteur dans une scène
politique. Il sera assez temps de cueillir les ap-
plaudissemens de nos freres lorsque nous les au-
rons sauvés.

Or donc, il nous paroît très-praticable que
les agens principaux instituent, organisent et
dirigent les clubs que nous desirons, sans avoir

l'air d'instituer, d'organiser, de diriger rien : même en parlant d'organiser, nous croyons toujours par les mêmes raisons de prudence qu'il doit falloir moins s'attacher à faire de nouvelles créations qu'à asseoir notre édifice sur d'anciens élémens, d'anciennes bases déjà existantes. Dans plusieurs arrondissemens vous avez des cafés où s'assemblent déjà habituellement les patriotes : attachez-vous tout simplement à les y attirer au plus grand nombre et plus souvent. Cherchez cependant à multiplier plutôt ces points de réunion qu'à les encombrer d'une multitude trop considérable où l'on ne se connaîtrait plus, et où l'on donnerait lieu à l'autorité de concevoir de l'ombrage. Visitez tour-à-tour chacun de ces lieux ; préférez encore de composer des rassemblemens dans les maisons particulières plutôt que dans les cafés : là, les patriotes seront plus complètement libres, moins exposés *au mouchardage*, plus à portée de n'admettre parmi eux que les frères dont ils seront sûrs. En général, évitez de donner une importance publique et extérieure à ces rassemblemens ; n'appelez pas cela des clubs, des sociétés, des réunions ; évitez tous les noms pompeux : dites tout bonnement le *café tel*, la *maison telle* ; l'action de vous y rendre, nommez cela des promenades,

des visites : que les choses y soient, mais non les mots.

Nous vous avons parlé d'une autre tâche après celle de l'établissement des lieux de réunion ; c'est celle d'y alimenter et d'y diriger l'esprit public. Nous avons établi que pour cela des discussions sur les droits du peuple et sur son actuelle position difficile, jointes à des lectures de journaux populaires, suffiraient. Oh ! sur-tout des lectures de journaux populaires ! Le directoire secret vous recommande ce moyen comme le levier le plus puissant. Le choix de ces journaux ne vous sera pas difficile : vous les connaîtrez aisément. Le directoire secret vous en fera passer, non-seulement pour distribuer dans vos réunions, mais encore particulièrement à tous les meilleurs patriotes. Outre les écrits, tous autres moyens d'agir et de faire agir vous seront fournis quand il en sera besoin. Les journaux dont nous venons de parler vous serviront en grande partie de boussole et d'instructions générales après celle-ci. Ils ont prêché jusqu'à présent nos principes et ceux de tous les vrais démocrates. Nous croyons qu'ils continueront et que vous reconnaîtrez toujours dans leur doctrine notre doctrine. L'appuyer et l'applaudir, voilà presque où peut se réduire votre

rôle offensible ; et pour cela, vous n'avez point
à sortir du cercle des démonstrations qui ne peuvent faire voir en vous que de simples acteurs, de
simples auditeurs et assistans, comme tous les
autres. La partie des notes et rapports ne devant
se faire qu'à huis clos, laisse encore votre mission ignorée. Cette dernière partie de votre
mission ne nous engagera pas dans aucune ob-
servation de détail ; sa marche d'exécution est
assez précisée par l'art. III du règlement
d'organisation, et par ce que nous avons dit
plus haut dans cette instruction.

En vous disant que des journaux populaires
qui vous seront fournis pourront être votre boussole, et suppléer principalement aux instructions
ultérieures que nous vous donnerons (sauf celles
contraires que vous pourriez recevoir de nous),
c'est assez vous dire que vous n'abdiquez pas
[illegible] de thermomètre de l'[illegible]
[illegible]
[illegible]
[illegible]
[illegible] de toutes les âmes, qui sera vers d'une explosion
[illegible], au point que, pour [illegible]

» fructueuse, pour mettre les régulateurs en mesure
» d'en assurer le plein succès, il sera peut-être
» nécessaire de tempérer plûtôt que d'accélérer
» l'élan des hommes libres. »

Or, autant il est essentiel d'entretenir les
esprits à une bonne chaleur, autant il seroit
inutile et même dangereux de les embraser trop
vite jusqu'à la suprême mesure. Il faut considérer
que si l'opinion du peuple est faite, celle du soldat ne l'est pas moins ; il est égaré par les perfides caresses d'un gouvernement qui veut s'en
servir pour écraser les citoyens et le soldat lui-
même. Il faut le temps pour désabuser nos frères
armés. Ce sera donc faire usage de sagesse que de
n'échauffer les têtes que dans la juste progression
du thermomètre dont le point variant sera toujours indiqué par le directoire secret.

Voilà, citoyens, à-peu-près tout ce que nous
avons à vous dire en débutant. Votre zèle, vos
lumières, votre civisme, suppléeront à tout ce
que nous pouvons avoir omis de vous tracer
dans le plan d'une mission aussi majeure. La
parfaite connaissance qu'avant tout nous avons
prise de vos vertus civiques, nous a dispensés
de recourir à l'art pour enflammer votre énergie.
Une simple exposition de choses dont la justice

reconnue est dans vos cœurs comme dans les nôtres, nous a paru suffire pour vous convaincre de l'essentielle nécessité de l'entreprise à laquelle nous vous engageons de concourir. Français! il y va de votre salut et du nôtre. Il y va du salut de la race actuelle et de la postérité, du salut de notre république et de l'univers. Que notre courage soit le signal du réveil du véritable peuple! Qu'électrisé par nous, il sorte enfin d'un sommeil mortel, et qu'il fonde à jamais le règne du bonheur, le règne de l'égalité et de la liberté! Tout est prêt..... L'édifice législatif qui garantira l'abondance pour tous, l'égalité, la liberté de tous, n'attend, pour sortir grand et majestueux, que le renversement du monument de l'esclavage, d'oppression et de mort dont il doit prendre la place. Préparons cette heureuse catastrophe! Il sera enfin durable et éternel, le code que nous établirons......, parce qu'il assurera le bonheur de tous. Il ne sera point fait pour élever aucun homme, mais pour avantager à-la-fois tous les hommes auxquels on le destine. Il est temps que tous les ambitieux disparaissent, que l'orgueil humain soit confondu. Il est temps de résoudre enfin, dans la pratique, ce beau problème : *que chacun de nous ne dépende que des institutions et des lois ; et qu'aucun de nous ne tienne personne sous sa dépendance !*

Le directoire secret de salut public a choisi pour agent principal, pour l'arrondissement des sections d

Le citoyen. . . . . Paris , ce . . . . l'an quatrième de la république démocratique à venir.

Pour copie conforme :
Le ministre de la police générale.
Signé, COCHON.

DE L'IMPRIMERIE DU DIRECTOIRE EXÉCUTIF.

Dépôt légal :

IEN VOULOIR CONSIDERER
PPARENTS DE CETTE
 L'ETAT DE CONSERVATION

3ème trimestre 1973